M Christina Butler · Tina Macnaughton

Der kleine Igel und die rote Mütze

Eiskalt pfiff der Wind über das verschneite Tal
und wirbelte die Blätterdecke auf, unter der sich
der kleine Igel eingekuschelt hatte.
Nun erwachte er aus seinem tiefen Winterschlaf
und fror erbärmlich. Ihm war so kalt, dass er
nicht wieder einschlafen konnte.
Doch plötzlich fiel etwas vom Himmel …

··· PLUPMS!

… und landete direkt vor den Pfötchen des kleinen Igels.
Es war ein bunt eingewickeltes Päckchen. Auf dem
Anhänger stand:

Für den kleinen Igel
in Liebe
vom Weihnachtsmann

Aufgeregt und doch ganz vorsichtig
öffnete der kleine Igel das Päckchen.
Was war das?
Eine rote, kuschelig weiche
Pudelmütze in Igel-Größe
kam zum Vorschein.

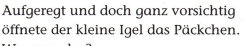

Sofort setzte der kleine Igel
die Mütze auf.
Er schob sie ein wenig
nach hinten, dann ein
Stückchen nach vorn.
Er zupfte sie ein
bisschen nach links,
dann eine Spur
nach rechts.

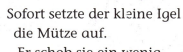

Doch wie sehr er auch zupfte und schob: Immer waren seine Stacheln im Wege.
Vom vielen Probieren leierte die Mütze schließlich so aus, dass sie für den Kopf des kleinen Igels viel zu groß war. Da nahm der kleine Igel die Mütze ab und betrachtete sie nachdenklich.
Plötzlich hatte er eine Idee!

Sorgfältig schüttelte er die Pudelmütze aus und wickelte sie wieder in das Geschenkpapier. Er riss den beschriebenen Teil des Anhängers ab und schrieb die neue Adresse auf das weiße Papier.

Dann rannte er schnell zum Kaninchenbau. Aber sein Freund, das Kaninchen, war nicht daheim. Da legte der kleine Igel sein Geschenk vor die Haustür.

Es herrschte ein heftiges Schneetreiben,
als der kleine Igel versuchte seinen Heimweg
zu finden. Die dicken Schneeflocken fielen so dicht,
dass er nicht mehr wusste, welche Richtung er
einschlagen sollte.

»Oh weh, oh weh«, seufzte der kleine Igel,
während er von einem Pfötchen auf das
andere trat.

»Ich hätte nicht hinauslaufen sollen bei diesem
Wetter! Aber ich wollte meinem Freund doch
so gern eine Freude machen.«

»Was für ein Schnee!«, stöhnte das Kaninchen,
als es wieder nach Hause kam. Doch da fiel sein
Blick auf das Päckchen vor seinem Eingang.
»Was ist denn das?«, rief es freudig aus und
öffnete das Papier.
»Eine Pudelmütze! Für MICH!«

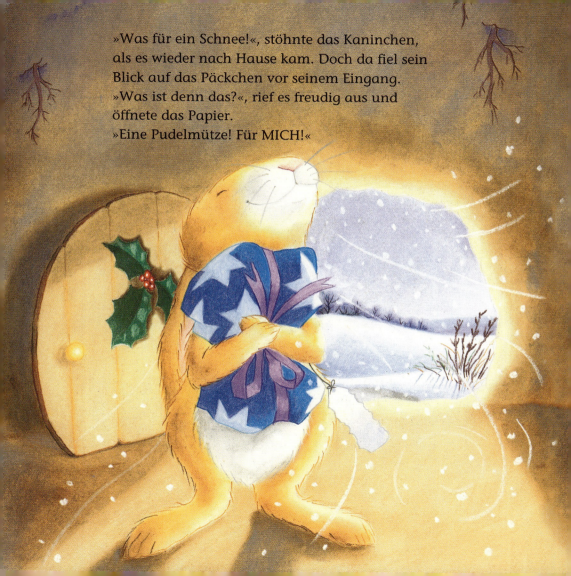

Sofort probierte das Kaninchen die Mütze auf –
mal schob es die Ohren darunter, mal ließ es
die Ohren draußen.

Das Kaninchen zupfte
die Mütze hierhin und
dorthin. Aber wie es
auch zupfte und zerrte:
Immer waren seine
Ohren im Wege.

Vom vielen Zerren und
Zupfen war die Pudelmütze
größer und größer geworden –
viel zu groß für ein
Kaninchen. Also …

… wickelte das Kaninchen die Mütze wieder in
das Papier, riss den beschriebenen Teil des
Anhängers ab und schrieb auf den Rest eine
neue Adresse. Dann lief es zur Dachshöhle.

Wegen der klirrenden Kälte war der Dachs
sehr schlecht gelaunt.
»Fröhliche Weihnachten, Dachs!«, rief ihm
das Kaninchen zu.
»Wer ist da?«, brummte der Dachs.
»Fröhliche Weihnachten!«, wiederholte
das Kaninchen und reichte dem
Dachs das Päckchen.

»Ein Weihnachtsgeschenk?!«,
staunte der Dachs.
»Für MICH?«

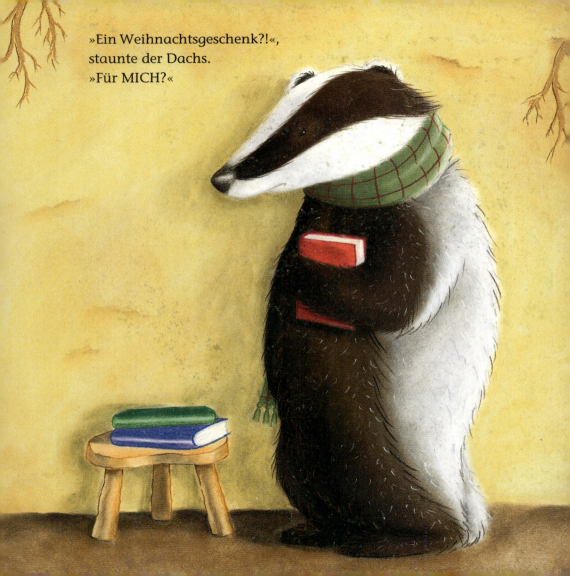

Der Dachs setzte die Pudelmütze auf und zog sie tief über die Ohren.
»Wie sehe ich aus?«, fragte er, während er sich im Spiegel betrachtete.
»Sehr schön«, meinte das Kaninchen.
»Was hast du gesagt?«, fragte der Dachs.
»Sehr schön«, schrie das Kaninchen
und hoppelte davon.

»Magst du mich nicht leiden?«, fragte der Dachs, als er sich vom Spiegel abwandte.
Doch das Kaninchen war schon verschwunden. Da nahm der Dachs die Mütze ab.
»Ich glaube, sie ist nichts für mich«, brummte er. »Wenn ich sie aufhabe, kann ich nichts hören. Schade! Sie hat eine so schöne Farbe!«

Schließlich packte der Dachs die Mütze wieder ein und lief mit dem Päckchen zum Fuchsbau. Einen Anhänger schrieb er nicht.

Der Fuchs wollte gerade auf Entdeckungstour gehen.
»Das ist für dich«, sagte der Dachs freundlich.
»Ein Weihnachtsgeschenk, nur für dich!«
»Weihnachten?«, fragte der Fuchs verdutzt.
»Ja, Weihnachten!«, lachte der Dachs.
»Das Fest, bei dem alle nett
zueinander sind.«
Dann lief er davon.

»Eine Mütze?«, schnaufte
der Fuchs verächtlich,
nachdem er das Päckchen
ausgewickelt hatte. »Was
soll ich denn damit?«
Doch wenn er ehrlich war,
freute er sich sehr über
das Geschenk, und deshalb
schaute er sich die Mütze
genauer an.

Der Fuchs bohrte zwei
Löcher für seine Ohren
hinein und setzte
die Mütze auf.
Zufrieden machte er
sich auf den Weg.

Die schneebedeckten Felder glitzerten im Mondlicht. Der Fuchs schnüffelte am Boden und fand eine Spur. Er folgte ihr mal in diese, mal in jene Richtung, bis er plötzlich anhielt. Da war doch etwas unter dem Schnee!

Der Fuchs begann zu graben.
Er grub und grub, bis er – den
kleinen Igel fand. Der kleine Igel war
ganz kalt und rührte sich nicht.
»Armer kleiner Kerl«, sagte der Fuchs.
Vorsichtig wickelte er den Igel
in die
rote Pudelmütze
und trug ihn zum
Kaninchenbau.

Dort saßen das Kaninchen und der Dachs
gerade beim Abendessen.
»Seht nur, was ich draußen im Schnee
gefunden habe!«, rief der Fuchs,
als er in den Bau stürmte.
Der Dachs und das Kaninchen
schauten in die Mütze.

»Ein Igel?«, fragte der Dachs.
»Was macht denn ein Igel zu Weihnachten
im Schnee? Er sollte lieber tief und fest schlafen!«
»Das ist doch mein Freund, der kleine Igel!«,
erschrak das Kaninchen. »Er muss sich
auf dem Heimweg verlaufen haben.«
Plötzlich öffnete der kleine Igel die Augen.
»Hallo«, murmelte er verschlafen.
»Oh, was für eine kuschelig weiche Decke!«

Die anderen Tiere schauten sich vielsagend an.
Das Kaninchen grinste, und der Dachs kratzte sich am Kinn.
»Hmmm«, sagte er schließlich, »ich glaube, die rote Pudelmütze
ist genau das Richtige für den kleinen Igel!«
»Fröhliche Weihnachten, kleiner Igel!«, riefen der Fuchs und der
Dachs. Doch der kleine Igel hörte es nicht mehr, denn er schlief
tief und fest in seiner wollig-warmen Kuscheldecke …

Emma
von Jutta Bauer
– jetzt auch als App!

Mit dieser App wird Kindern spielerisch das Thema Essen nähergebracht. Sie können mit der liebenswerten Identifikationsfigur Emma geräuschvoll am Eis schlecken, leckeren Fisch essen und lernen, dass jedes Böhnchen ein Tönchen ergibt ...

Alles über unsere Apps auf
www.carlsen.de

www.carlsen.de/digital

Mein kleines großes Bilderbuch